Sylvanus MULOWAYI WA KAYUMBA

ALLIANCE NOACHIDE

Sylvanus MULOWAYI WA KAYUMBA

ALLIANCE NOACHIDE

L'Alliance de Noé

Éditions Croix du Salut

Imprint

Cover image: www.ingimage.com

Publisher:
Éditions Croix du Salut
is a trademark of
Dodo Books Indian Ocean Ltd., member of the OmniScriptum S.R.L Publishing group
str. A.Russo 15, of. 61, Chisinau-2068, Republic of Moldova Europe
Printed at: see last page
ISBN: 978-620-3-84264-7

8
GRANDES ALLIANCES
BIBLIQUES
3. Alliance Noachide

Alliance Noachide

INTRODUCTION

Cette alliance a un signe dans le ciel que l'on peut de fois apercevoir jusqu'à ce jour et Noé demeure une grande figure de la foi en Dieu malgré la minorité.

Dieu peut travailler avec la minorité tout comme il peut aussi travailler avec la majorité. Et dans le cas de cette alliance de Noé.

Il était dans la faible minorité comme Job en son temps. Cependant par son obéissance à la Parole de Dieu, la démonstration de la puissance de Dieu passa par lui pour marquer ses contemporains et manifester la puissance de Dieu.

Une seule personne avec Dieu est plus puissante que le monde entier rassemblé au diable et aux démons.

Un seul jour dans la présence de Dieu vaut mieux que mille ans ailleurs.

Nous avons un Dieu incomparable qui fait ce qu'il veut, quand il veut, comme il veut et avec qui il veut.

Il pouvait bien former plusieurs femmes de la côte tirée d'Adam pour remplir le monde à une vitesse transcendante.

Cependant il prit la route de la monogamie qui est l'origine du mariage où les deux forment un seul corps.

Adam et Eve formèrent un seul corps en Caïn, puis en Abel et plus tard en Seth et ainsi de suite.

Le premier polygame à deux fut Lémec qui se maria à Ada et à Tsilla. ***Genèse 4 :19***

Et le plus grand polygame fut Salomon avec 700 femmes et 300 concubines.

Le mal vint dans le monde par le diable qui fut précipité par Dieu et qui entra frauduleusement dans la Jardin d'Eden pour séduire Eve, nitre mère commune.

C'est par là que je donnerai la réponse aux curieux multiples lecteurs de la Bible à la recherche de la source de provenance de la femme de Caïn.

Tous les êtres vivants viennent d'Adam et Eve, à l'exception bien entendu de Melchisédek et de Jésus.

Cela prit du temps mais les hommes et les femmes dans l'Alliance Adamique se mariaient en famille directement. Et en ce temps-là, l'inceste était au service de la multiplication des hommes pour remplir la terre.

Seulement ils pouvaient bien se séparer, les uns des autres et ne même pas se reconnaître à la fin.

C'est l'histoire d'une pyramide renversée dont la pointe était le couple Adam et Eve.

C'est l'histoire d'une graine plantée dans de la bonne terre qui devient un arbre qui porte des fruits et qui donne plus tard tout un verger.

COUPE ET SECTION DE LA PYRAMIDE RENVERSEE

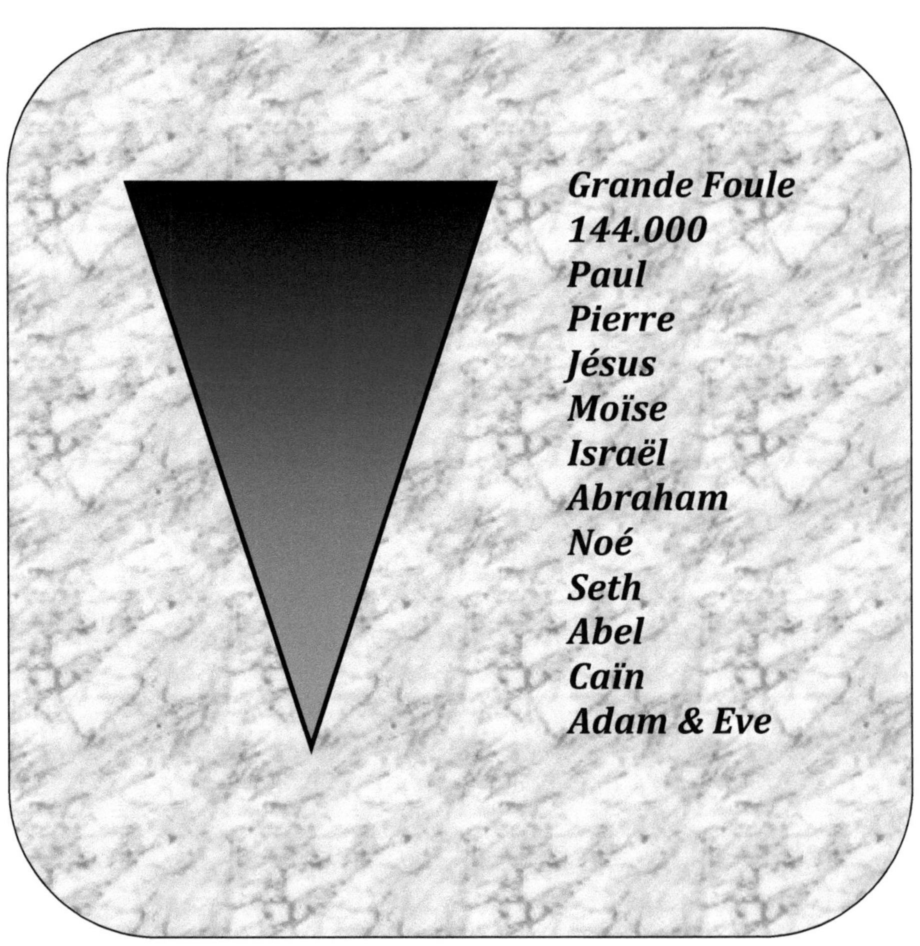

La grande alliance est la Nouvelle Alliance dans laquelle nous avons la vie éternelle en Jésus-Christ, notre Seigneur et Sauveur.

C'est lui qui nous a tirés des extrémités de la terre pour faire de nous des membres de son propre corps.

Dans l'Alliance Noachide, une famille élargie de 8 personnes seulement échappa au châtiment de Dieu sur toute la terre. En cela se trouvait la préfiguration du jugement dernier pour la vie éternelle d'une part et la ruine éternelle d'autre part.

Noé ouvrit la porte d'une terre complètement baptisée dans l'eau du déluge et tomba dans le piège de la vigne tirée de son propre champ pour prononcer des paroles de malédictions sur son petit-fils innocent Canaan.

Le bien et le mal sont dans le cœur de l'homme qui portera l'incorruptibilité à la fin de ce système des choses avant d'entrer dans la vie éternelle, qui est le denier et unique salaire de tous les bons et fidèles serviteurs du Seigneur.

La Fourmi du Seigneur

ALLIANCE DE NOE OU ALLIANCE NOACHIDE

L'Alliance de Noé ou Alliance Noachide a un signe dans le ciel, celui de l'arc-en-ciel dont la présence dans les airs arrête la pluie même de nos jours.

Cette alliance fut établit entre Dieu et l'homme par Dieu lui-même après le déluge.

Ce fut pendant la dispensation du Nouveau Gouvernement sur la Terre.

Regardez cette précision inscrite dans le ciel par la sagesse et la miséricorde de Dieu à la recherche de l'homme rebelle, indocile et insoumis à Sa Parole.

Regardez cet arc tracé par la Parole de Dieu dans le ciel sans compas ni déclinatoire pour nous, comme avertisseur de rappel qu'il y eut un jour une alliance entre Dieu et son serviteur fidèle Noé qui fut une alliance du souvenir du châtiment de Dieu sur la terre, car le cœur des hommes devint poussé jour après jour vers le mal.

On croirait que l'Arbre de la connaissance du bien et du mal était resté dans le Jardin d'Eden.

Oui, il y resta physiquement, mais spirituellement les trois grands arbres sont dans le cœur de l'homme. Il s'agit de :

- L'Arbre de Vie,

- L'Arbre de la connaissance du bien et du mal et
- Le Figuier.

Chaque fois que nous rentrons en nous-mêmes, nous avons un choix à faire entre les fruits de ces trois arbres susmentionnés.

L'Arbre de Vie est la Parole de Dieu. L'Arbre de la connaissance du bien et du mal renferme la ruse ainsi que le mensonge du diable. Le figuier est la pensée humaine et non pas celle de Dieu.

Le Jardin d'Eden dans le sens spirituel est dans notre cœur et le bon choix ne dépend que nous.

« ***J'en prends aujourd'hui à témoin contre vous le ciel et la terre: j'ai mis devant toi la vie et la mort, la bénédiction et la malédiction. Choisis la vie, afin que tu vives, toi et ta postérité.*** » Deutéronne 30 :19

Le bon choix est une affaire personnelle et nous devons pour autant, être conséquents et responsables à la fois car tout homme rendra compte devant Dieu.

LE DELUGE

« Lorsque les hommes eurent commencé à se multiplier sur la face de la terre, et que des filles leur furent nées,

Les fils de Dieu virent que les filles des hommes étaient belles, et ils en prirent pour femmes parmi toutes celles qu'ils choisirent.

Alors l'Éternel dit: Mon esprit ne restera pas à toujours dans l'homme, car l'homme n'est que chair, et ses jours seront de cent vingt ans.

Les géants étaient sur la terre en ces temps-là, après que les fils de Dieu furent venus vers les filles des hommes, et qu'elles leur eurent donné des enfants: ce sont ces héros qui furent fameux dans l'antiquité.

L'Éternel vit que la méchanceté des hommes était grande sur la terre, et que toutes les pensées de leur cœur se portaient chaque jour uniquement vers le mal.

L'Éternel se repentit d'avoir fait l'homme sur la terre, et il fut affligé en son cœur.

Et l'Éternel dit: J'exterminerai de la face de la terre l'homme que j'ai créé, depuis l'homme jusqu'au bétail, aux reptiles, et aux oiseaux du ciel; car je me repens de les avoir faits.

Mais Noé trouva grâce aux yeux de l'Éternel. » Genèse 6 :1-8

Quand les hommes et les femmes commencèrent à se multiplier sur la terre, le diable intervint, cette fois-ci en dehors du Jardin d'Eden, mais dans la société.

Le diable agit dans les foules car il y a beaucoup d'opportunités quand le nombre devient incontrôlable. Cette fois-ci, il est passé par le mariage lié à la beauté et non à la bonté.

La loi du contenu et du contenant est un principe dans lequel l'enveloppe cache la lettre. Et cela se traduit publiquement quand on apporte les cadeaux de mariage pendant la célébration nuptiale.

L'erreur commune, l'égarement collectif des hommes et des femmes dans l'Alliance Noachide était lié au mauvais choix dans le mariage.

Le mariage est une bonne chose, mais un mauvais assortiment peut amener la ruine et la destruction dans la vie de beaucoup d'innocents.

Ce mauvais choix provoqua quelque chose sur la terre qui attrista complètement Dieu qui se repentit d'avoir créé l'homme.

Que s'était-il passé ?

Bonne question.

Les « ***Fils de Dieu*** » prirent pour femmes les « ***Filles des hommes*** » et de cette union sortirent les géants de l'antiquité.

Il y a toujours eu un problème d'interprétation sur les « ***Fils de Dieu*** » à ce niveau. Les uns disent qu'il s'agit des anges déchus et les autres par contre, disent que ce sont les descendants de Seth.

Et pour ce qui concerne les « ***Filles des hommes*** », les uns disent que ce sont les femmes en général et les autres disent que ce sont les filles de la descendance de Caïn.

J'aimerais soulever une exception à laquelle nous ne faisons pas très souvent attention.

Nous voyons que la Bible nous parle des « ***Fils de Dieu*** » d'une part et des « ***Filles des hommes*** », d'autre part. Mais curieusement, elle ne mentionne pas les « ***Filles de Dieu*** » et les « ***Fils de hommes*** ».

Après une longue méditation à ce sujet, nous comprenons que l'expression « ***Fils de Dieu*** » fait plus allusion aux hommes pieux, justes et intègres alors que « ***Filles des hommes*** » montrent les femmes étrangères à la chose de Dieu.

En Israël, il était interdit de prendre une femme étrangère afin d'éviter pareilles erreurs ouvrant la porte aux divagations et aux aliénations aux conséquences incalculables.

« ***Tu ne contracteras point de mariage avec ces peuples, tu ne donneras point tes filles à leurs fils, et tu ne prendras point leurs filles pour tes fils;***

Car ils détournaient de moi tes fils, qui serviraient d'autres dieux, et la colère de l'Éternel s'enflammerait contre vous: il te détruirait promptement. » Deutéronome 7:3-4

Les « ***Fils de Dieu*** » représentent l'armée de ceux qui craignent et servent fidèlement Dieu dans l'obéissance et la discipline d'une part, et les « ***Filles des hommes*** » représentent ceux qui sont vulnérables et facilement influençables par les tentations du diable, vivant dans la captivité démoniaque.

Quand David fit tomber Goliath, il était dans l'armée des « ***Fils des Dieu*** » et quand il tua Urie pour s'accaparer de sa femme Beersheba, il était dans l'armée des « ***Filles des hommes*** ».

TABLEAU DES DEUX ARMEES

Fils de Dieu	**Filles des hommes**
Adam	Eve
Abel	Caïn
Seth	Caïn
Israël	Egypte
Israël	Philistine
David	Goliath
Urie	David
Jésus	Adam
Jésus	Judas
Paul	Saul
Ceux qui croient en Jésus	Ceux qui ne croient pas en Jésus
Le jour	La nuit
La vie	La mort
Le lever du jour	Le coucher du soleil
Le coucher du soleil	Le lever du jour
Ceux qui prendront part à l'enlèvement	Ceux qui attendront le jugement dernier

Dans quelle armée es-tu?

Devoir à domicile.

Posons-nous personnellement la question fondamentale de savoir à quelle armée nous appartenons. Adam au lever du jour était dans l'armée des « ***Fils de Dieu*** ».

Au coucher du soleil, Dieu le trouva dans l'armée des « ***Filles des Hommes*** », loin de son poste de travail, car il avait écouté Eve, sa femme formée de sa propre côte.

Il était dans l'armée de Dieu quand il garda ce qu'il avait entendu de lui. Son cœur, qui représente le contenu, avait gardé jalousement la Parole de Dieu jusqu'au jour où sa main, l'image de son enveloppe, prit sans aucune inquiétude le fruit interdit de la main d'Eve sa femme pour le consommer.

Le mariage lié à la beauté extérieure est une porte ouverte au diable pour écarter les deux partenaires ainsi que leur suite de la présence de Dieu.

Dans la loi du contenu et du contenant, c'est l'englobé qui définit la trousse.

Quand nous étions jeunes, pendant le règne du président Mobutu en République Démocratique du Congo, il y avait des militaires qui ne laissaient point passer un seul petit colis sans le contrôler.

Ils avaient l'habitude de poser une question pareille à celle-ci.

- Qu'est-ce que c'est ?

Et le porteur du sac devait spécifier le contenu directement en attendant leur réaction qui n'avait que deux choix. Laisser passer le colis ou le retenir et arrêter le porteur.

Ce qui rend l'homme fort, ce n'est pas l'action posée, mais la manière d'agir et de réagir.

A cet effet, il est bien facile de gérer les actions, mais très difficile et même escarpé de réagir.

Notre réussite est fonction de l'armée à laquelle nous appartenons.

David devant Goliath était dans l'armée des « ***Fils de Dieu*** » et plus tard dans les bras de la femme d'Urie, il était dans l'armée des « ***Filles des hommes*** ». Il devait ainsi se repentir pour enfin regagner l'armée des « ***Fils de Dieu*** ».

Paul a finit dans l'armée des « ***Fils de Dieu*** », mais quand il était encore Saul, au sein du judaïsme, alors qu'il persécutait l'Eglise du Seigneur, il était au sein de l'armée des « ***Filles des hommes*** ».

Le lever du jour et le coucher du soleil ont presque les mêmes couleurs. Cependant cela dépend de l'armée dans laquelle on se retrouve. Si on vit dans la crainte de Dieu que ce soit au lever du jour ou au coucher du soleil, on demeure dans l'armée des « ***Fils de Dieu*** ». Et dans le cas où on vit dans la désobéissance et dans la rébellion, on est d'office dans l'armée des « ***Filles des hommes*** ».

Judas était dans l'armée des « ***Filles des hommes*** » quand il trahit Jésus.

Le mariage entre les « ***Fils de Dieu*** » et les « ***Filles des hommes*** » est une abomination devant Dieu.

Ce type de mariage donnera naissance à des géants monstres qui ont un comportement mixte, avec un peu de bien et un peu de mal.

Ces géants ne sont ni chauds, ni froids car ils sont en partie de l'armée des Fils de Dieu et celle des Filles des hommes.

Les anges travaillent avec les « ***Fils de Dieu*** » et les démons opèrent avec les « ***Filles des hommes*** ». Ainsi, nous devons tirer attention et ne jamais quitter pas l'armée des « ***Fils de Dieu*** » dans laquelle nous avons été enrôlés par la foi en Jésus.

Que ce soit la version des anges qui prirent les « ***Filles des hommes*** » en général ou celle des « ***Fils de Seth*** » qui prirent les « ***Filles de Caïn*** », nous devons totalement obéir à Dieu et non à la tradition humaine.

Aujourd'hui, il y a même de grandes églises qui consacrent publiquement le mariage homosexuel qui est une abomination et une répugnance devant la face de Dieu.

Il y eut des mariages hors normes de Dieu du temps de Noé et cela déplut à Dieu qui décida d'ouvrir les vannes d'en haut et celles d'en bas pour engloutir toute la terre qui s'était plongée dans une rébellion collective.

Le secret dans chaque alliance est la soumission totale aux instructions de Dieu et non à celles du diable ou des hommes de ce monde

Ce n'est pas parce que tout le monde pèche que le péché devient autorisé !

La crainte de Dieu est d'emblée une affaire personnelle avant de devenir une obligation collective.

« ***Les fils de Dieu virent que les filles des hommes étaient belles, et ils en prirent pour femmes parmi toutes celles qu'ils choisirent.*** » Genèse 6 :2

Les yeux influencèrent les « ***Fils de Dieu*** » sur les « ***Filles des hommes*** » et ils les prirent pour femmes et mirent au monde des géants de l'Antiquité. L'homme naturellement est conduit par l'œil alors que la femme est guidée par l'oreille.

« ***L'œil est la lampe du corps. Si ton œil est en bon état, tout ton corps sera éclairé;***

Mais si ton œil est en mauvais état, tout ton corps sera dans les ténèbres. Si donc la lumière qui est en toi est ténèbres, combien seront grandes ces ténèbres! » Mathieu 6 :22-23

Ce fut la première destruction collective. Jamais avant, les hommes et les femmes sur la terre firent pareille chose. Et en face de cette révolte fédérative, Dieu prit cette option.

« ***L'Éternel vit que la méchanceté des hommes était grande sur la terre, et que toutes les pensées de leur cœur se portaient chaque jour uniquement vers le mal.***

L'Éternel se repentit d'avoir fait l'homme sur la terre, et il fut affligé en son cœur. » Genèse 6 : 5-6

La révolte globale des hommes du temps de Noé ressemble à celle de nos jours, où nous avons même des sectes des satanistes qui ne se gênent pas à mettre des annonces publiquement pour leur prochaine réunion.

Chaque fois qu'il y a eut une rébellion collective, Dieu réagit conséquemment et utilisant de gros moyens. Cela me fait penser à ce qui se passa à la Tour de Babel comme nous le verrons plus loin.

Vraiment, quand on se ressemble, que l'on devienne meilleur pour la gloire de Dieu.

Dieu vit que le cœur des hommes était tous les jours tourné vers le mal.

En effet, faire le mal est une descente alors que faire le bien, c'est une montée qui demande plus de force, de patience et responsabilité.

Et Dieu se repentit d'avoir fait l'homme sur la terre. Notre rébellion individuelle ou collective devant le Seigneur l'attriste et le pousse à une mesure de correction et de châtiment car il aime le pécheur, mais ne supporte point le péché à cause de sa sainteté ultime.

«***Et l'Eternel dit: J'exterminerai de la face de la terre l'homme que j'ai créé, depuis l'homme jusqu'au bétail, aux reptiles, et aux oiseaux du ciel; car je me repens de les avoir faits.***

Mais Noé trouva grâce aux yeux de l'Eternel. » Genèse 6 :7-8

A la chute de l'homme dans le Jardin d'Eden, la terre fut maudite. A cause de la rébellion collective des « ***Fils de Dieu*** » et des « ***Filles des hommes*** », le bétail, les reptiles ainsi que les oiseaux du ciel furent victimes du châtiment de Dieu sur les hommes du temps de Noé.

Mais, Noé trouva grâce aux yeux de l'Eternel.

LA GRACE

« ***Ainsi, puisque nous avons un grand souverain sacrificateur qui a traversé les cieux, Jésus, le Fils de Dieu, demeurons fermes dans la foi que nous professons.***

Car nous n'avons pas un souverain sacrificateur qui ne puisse compatir à nos faiblesses; au contraire, il a été tenté comme nous en toutes choses, sans commettre de péché.

Approchons-nous donc avec assurance du trône de la grâce afin d'obtenir miséricorde et de trouver grâce, pour être secourus dans nos besoins. » Hébreux : 14-16

La grâce est une faveur, un don ou une bonté que l'on ne mérite pas qui vient de la part de Dieu pour nous donner une opportunité de rentrer en nous comme l'enfant prodigue afin de nous repentir, nous réconcilier pour une nouvelle restauration avec notre Dieu et Notre Grand Souverain Sacrificateur.

Notre Seigneur et Sauveur Jésus-Christ est plus puissant que l'armée des « ***Fils de Dieu*** » et de l'armée des « ***Filles des hommes*** » réunies. Il a traversé les cieux et c'est lui qui est le « ***Fils Unique de Dieu*** ». Quand il apparaît, les deux armées disparaissent comme deux bougies devant la lumière du soleil.

Nous devons demeurer fermes dans la foi que nous professons. Nous devons entrer dans le sein de notre Seigneur Jésus comme membres de son Corps qui est l'Eglise afin que là où il sera, nous aussi nous y soyons.

Cette grâce que nous avons en Jésus est plus grande que celle de Noé avant le déluge.

Nous devons nous approcher de Jésus avec assurance car son trône n'est pas celui de jugement, mais miséricorde, d'indulgence et de compassion afin que nous soyons secourus en tout et pour tout.

Nous y allons gratuitement, sans payer ni or ni argent mais par la foi en Jésus qui est notre Seigneur et Sauveur.

« ***Mais Dieu est riche en compassion. A cause du grand amour dont il nous a aimés, nous qui étions morts en raison de nos fautes, il nous a rendus à la vie avec Christ – c'est par grâce que vous êtes sauvés.*** » Ephésiens 2:4-5

La grâce de Dieu se manifeste dans la richesse de sa compassion envers nous. Cela à cause de son amour infini par en nous donnant son Fils Unique Jésus-Christ afin que quiconque croit en lui ait la vie éternelle.

Ce n'est pas à cause de nos œuvres que nous sommes sauvés. Nous avons été sauvés par la grâce de Dieu.

Et ce jour-là, cette faveur, cette dispense ou cette prédilection tomba sur Noé et sur sa maison au milieu de cette génération pécheresse, indocile et dissipée.

Notre Dieu prévient toujours avant de punir. Pendant de longues années, Noé parcourut le territoire pour amener les hommes à la repentance, mais en vain.

« ***Ce qui arriva du temps de Noé arrivera de même à l'avènement du Fils de l'homme.***

Car, dans les jours qui précédèrent le déluge, les hommes mangeaient et buvaient, se mariaient et mariaient leurs enfants, jusqu'au jour où Noé entra dans l'arche;

Et ils ne se doutèrent de rien, jusqu'à ce que le déluge vînt et les emportât tous: il en sera de même à l'avènement du Fils de l'homme. » Mathieu 24 :37-39

Il y a une similitude entre l'époque de Noé et la nôtre. L'indifférence des gens de nos jours est semblable à celle du temps de Noé car il n'y a rien de nouveau comme il est écrit :

« ***Ce qui a été, c'est ce qui sera, et ce qui s'est fait, c'est ce qui se fera, il n'y a rien de nouveau sous le soleil.***

S'il est une chose dont on dise: Vois ceci, c'est nouveau! Cette chose existait déjà dans les siècles qui nous ont précédés. » Ecclésiastes 1 :9-10

Et de la même manière que Dieu châtia les gens du temps de Noé, ainsi en sera pour tous ceux qui rejetteront cette Bonne Nouvelle du Royaume.

En face d'une pareille miséricorde de la part de Dieu, la soumission totale à la Parole de Dieu est une arme redoutable pour le salut chacun enfant de Dieu.

LA FIDELITE ET LA SAGESSE DE NOE

Noé suivit à la lettre les instructions que Dieu lui avait données au sujet de la construction l'arche et de la sélection des animaux à y faire entrer. Il fut complètement soumis à la Parole de Dieu concernant la construction de l'arche.

Il n'avait aucun document écrit en main, mais il fit tout ce qui lui était demandé dans la fidélité et dans la discipline.

La pluie tomba sur la terre pour la première fois au temps de Noé comme il est écrit :

« ***Car, encore sept jours, et je ferai pleuvoir sur la terre quarante jours et quarante nuits, et j'exterminerai de la face de la terre tous les êtres que j'ai faits.***

Noé exécuta tout ce que l'Éternel lui avait ordonné. » Genèse 7 :4-5

Dieu fit grâce à Noé qui crut en tout ce qu'il lui avait dit. L'obéissance et la fidélité de Noé avaient rendu effectif le châtiment de Dieu sur ce peuple rebelle au cou raide.

La grâce n'est pas une faiblesse de Dieu, mais une opportunité pour nous permettre de croire en lui afin d'entrer par la foi en Jésus dans la Vie Eternelle.

Il ne suffit pas d'entendre les paroles de la l'alliance, mais il faudra bien les garder et les mettre en pratique telles qu'elles ont été données.

Dieu lui-même ferma la porte de l'Arche et fit tomber la pluie pour la première fois sur la terre pendant quarante jours et quarante nuits.

L'eau qui s'amassait souleva l'arche et la conduisit au loin pendant l'accomplissement du châtiment de Dieu sur toute la terre.

Un événement pareil nous attend. Ce sera l'enlèvement de l'Eglise Corps de Christ qui interviendra d'ici-là.

Ce sera pour la première fois que des milliers et des milliers d'enfants de Dieu quitteront la terre avec un corps incorruptible pou aller à la rencontre du Seigneur sur la nuée.

Au même endroit que fut dessiné l'arc en ciel du temps de Noé, le Seigneur nous y attendra pour nous tirer de la terre avant la guerre d'Armageddon ainsi que les multiples fléaux dont Dieu frappera les habitants de la terre à cause de leur incrédulité et leur dureté de cœur.

A cause de la méchanceté de l'homme, Dieu dans cette alliance prit la ferme résolution de réduire l'âge des hommes à 120 ans seulement. ***Genèse 6 :30***

LES ANIMAUX PURS ET LES ANIMAUX IMPURS

« ***L'Éternel dit à Noé: Entre dans l'arche, toi et toute ta maison; car je t'ai vu juste devant moi parmi cette génération.***

Tu prendras auprès de toi sept couples de tous les animaux purs, le mâle et sa femelle; une paire des animaux qui ne sont pas purs, le mâle et sa femelle;

Sept couples aussi des oiseaux du ciel, mâle et femelle, afin de conserver leur race en vie sur la face de toute la terre. » Genèse 7 :1-3

Dieu vit Noé juste à ses yeux et le fit ainsi entrer dans l'arche ensemble avec toute sa maison en lui donnant l'ordre de prendre sept couples de bêtes pures et un seul couple de bêtes impures.

Nous devons aller plus loin que Noé et ne prendre que les bêtes pures, ce qui représente la soumission totale à Dieu.

La notion des bêtes impures et des bêtes pures devrait être comprise à ce niveau dans le sens de l'esprit et de la chair. C'est l'illustration de l'homme intérieur et l'homme extérieur.

Il y a un combat entre l'esprit et la chair car ce qui est né de l' Esprit est esprit et ce qui est né de la chair est poussière.

« ***Je dis donc: Marchez selon l'Esprit, et vous n'accomplirez pas les désirs de la chair.***

Car la chair a des désirs contraires à ceux de l'Esprit, et l'Esprit en a de contraires à ceux de la chair; ils sont opposés entre eux, afin que vous ne fassiez point ce que vous voudriez.

Si vous êtes conduits par l'Esprit, vous n'êtes point sous la loi. » Galates 5 :16-18

Marchez selon l'Esprit est comme se nourrir de la viande des bêtes pures et marcher selon la chair c'est purement et simplement consommer de la viande des bêtes impures.

Même si cette chair est à nous, nous ne devons pas suivre ses désirs qui sont contraires à ceux de l'Esprit.

Eve était la femme bien aimée d'Adam. Mais pour l'avoir écoutée, il tomba dans le filet du piège du diable et mangea du fruit interdit et fut ainsi chassé du Jardin d'Eden.

L'interpellation de Dieu s'adressa d'emblée à Adam et non au serpent ni à Eve.

Dieu commença par celui qu'il plaça dans le Jardin d'Eden avant toute autre créature vivante.

C'est dans le même ordre d'idée qu'à cause des péchés commis dans la chair, l'esprit et l'âme de l'homme passeront devant le trône du jugement de Dieu pour répondre de tout ce qui s'était passé dans cette carcasse.

Nous devons marcher selon l'Esprit de Dieu et non selon cette chair dont les passions sont contraires à celles de l'esprit.

La fidélité envers Dieu découlera de l'obéissance envers le Parole que nous avons reçue de lui, à la lumière des Saintes Ecritures.

Cette fidélité de Noé envers sa Parole, ramena le souvenir sur lui, sur ceux de sa maison et sur tout ce qui était dans l'Arche.

« ***Dieu se souvint de Noé, de tous les animaux et de tout le bétail qui étaient avec lui dans l'arche; et Dieu fit passer un vent sur la terre, et les eaux s'apaisèrent.***

Les sources de l'abîme et les écluses des cieux furent fermées, et la pluie ne tomba plus du ciel.

Les eaux se retirèrent de dessus la terre, s'en allant et s'éloignant, et les eaux diminuèrent au bout de cent cinquante jours.

Le septième mois, le dix-septième jour du mois, l'arche s'arrêta sur les montagnes d'Ararat. » Genèse 8 :1-4

Dieu se souvint de Noé, de ceux de sa maison et de tous les animaux ainsi que tout bétail qui étaient dans l'Arche à cause de sa fidélité dans le strict respect des instructions reçues.

Le souvenir de Dieu se manifeste dans la vie de ceux qui gardent sa Parole qui est Esprit et Vie et qui la mettent en pratique.

Finalement, l'Arche de Noé s'arrêta sur les montagnes d'Ararat et Noé comprit que quelque chose venait de se passer.

En effet, l'Arche était une simple grosse caisse sans voile, ni moteur, ni gouvernail et ni ancre. Elle ressemblait à la corbeille de l'enfant Moïse sur le fleuve Nil au milieu des roseaux, sagement cachée par sa mère pour le sauver de la sentence maléfique de Pharaon.

La foi de Noé en Dieu avait remplacé le voile, le moteur, le gouvernail et l'ancre que l'on retrouve sur les navires. Dieu lui-même était le Capitaine de ce premier grand bateau.

La sagesse de Noé intervint quand l'Arche s'arrêta aussitôt. Il n'ouvrit point la porte, mais ouvrit d'abord la fenêtre et se mit à vérifier si et seulement si la terre était redevenue totalement sèche ou pas.

Il faudra toujours remettre les choses en cause avant de faire un nouveau pas.

L'Arche ne bougeait plus. Mais Noé ne s'était pas précipité pour en sortir et faire sortir ceux de sa maison, les animaux et le bétail qui y étaient.

Il a d'abord cherché à se rassurer si la terre était complètement sèche afin de les accueillir.

LE CORBEAU ET LES TROIS COLOMBES

Le Corbeau est un oiseau impur alors que la colombe est une volaille pure.

Le corbeau est l'image de ceux qui vivent selon la chair dans l'église malgré qu'ils soient souvent avec lesautres dans le même lieu pour l'adoration, la louange et la prière. Et la colombe et l'illustration des enfants de Dieu qui vivent selon l'Esprit de Dieu qui est Dieu lui-même.

« ***Il lâcha le corbeau, qui sortit, partant et revenant, jusqu'à ce que les eaux eussent séché sur la terre.***

Il lâcha aussi la colombe, pour voir si les eaux avaient diminué à la surface de la terre.
Mais la colombe ne trouva aucun lieu pour poser la plante de son pied, et elle revint à lui dans l'arche, car il y avait des eaux à la surface de toute la terre. Il avança la main, la prit, et la fit rentrer auprès de lui dans l'arche.

Il attendit encore sept autres jours, et il lâcha de nouveau la colombe hors de l'arche.

La colombe revint à lui sur le soir; et voici, une feuille d'olivier arrachée était dans son bec. Noé connut ainsi que les eaux avaient diminué sur la terre.

Il attendit encore sept autres jours; et il lâcha la colombe. Mais elle ne revint plus à lui. » Genèse 8 :7-12

Noé lâcha le corbeau qui partit pour ne plus revenir dans l'Arche. Il existe des serviteurs de Dieu du type de ce corbeau de Noé. Quand on les envoie en mission, ils ne rentrent plus dans l'Arche. Ils vont et survolent même l'Arche et passent la nuit sur le toit et n'y rentrent plus.

Le comportement du corbeau ne découragea point Noé qui lâchera, cette fois-ci, une première colombe pour voir si les eaux avaient diminué à la surface de la terre.

Cette première colombe revint car il y avait encore de l'eau sur la surface de la terre. Et Noé la prit et la remit dans l'Arche.

Les missionnaires du type de cette colombe de Noé, reviennent pour donner le rapport de la mission. Ils rentrent dans l'Arche. Ils ne sont pas des errants.

Noé, dans sa sagesse attendit encore sept jours avant de lâcher une seconde colombe. Celle-ci revint vers lui le soir du même jour et avait en son bec une feuille d'olivier. C'était un message pour faire savoir Noé que les eaux avaient baisé sensiblement et que les branches et les feuilles des arbres étaient visibles et accessibles.

Il faut toujours faire un rapport verbal ou écrit à celui qui est placé devant nous comme conducteur afin que l'œuvre de Dieu aille de l'avant.

Les enfants dociles reviennent à la maison le soir et ne passent jamais la nuit en dehors du toit paternel sans autorisation comme le corbeau de Noé.

La deuxième colombe avait une feuille d'olivier en son bec. Et Noé comprit alors que les eaux avaient diminué car l'Eternel contrôlait la situation.

La feuille d'olivier fut le signe de la diminution des eaux sur la terre comme les miracles ainsi que le fruit du Saint-Esprit sont les signes de notre foi en Jésus.

Il attendit encore sept jours et lâcha la troisième colombe qui partit pour ne plus retourner. Il comprit alors que la terre était redevenue sèche et qu'il pouvait maintenant sortir de l'Arche avec sa famille, les animaux ainsi que le bétail.

La sagesse que nous avons en Jésus-Christ est supérieure à celle qui était en Noé et nous n'avons pas d'excuse. Nous devons travailler plus que Noé.

LE SACRIFICE DE NOE

« ***Noé bâtit un autel à l'Eternel; il prit de toutes les bêtes pures et de tous les oiseaux purs, et il offrit des holocaustes sur l'autel.***

L'Eternel sentit une odeur agréable, et l'Eternel dit en son cœur: Je ne maudirai plus la terre, à cause de l'homme, parce que les pensées du cœur de l'homme sont mauvaises dès sa jeunesse; et je ne frapperai plus tout ce qui est vivant, comme je l'ai fait.

Tant que la terre subsistera, les semailles et la moisson, le froid et la chaleur, l'été et l'hiver, le jour et la nuit ne cesseront point. »

La seconde colombe avait offert à Noé une feuille d'olivier et il bâtit, à son tour, un autel à l'Eternel en signe de reconnaissance. Il prit des bêtes pures et des oiseaux purs et les offrit en holocaustes sur cet autel.

L'Eternel sentit une odeur agréable venant de ce sacrifice.

Il prononça ainsi une parole de bénédiction en disant qu'il ne maudira plus la terre à cause de l'homme, même si ses pensées sont mauvaises dès sa jeunesse et il ne frappera plus ce qui est vivant comme il l'avait fait.

Le sacrifice provoque la bénédiction. Ayons l'habitude d'offrir à notre Dieu des sacrifices du type d'Abel et de Noé. Et Dieu lui-même nous a offert tout ce qu'il avait de meilleur : son Fils Unique Jésus-Christ.

Il sera donné à celui qui donne comme l'attestent les Saintes Ecritures :

« ***Donnez et on vous donnera: on versera dans le pan de votre vêtement une bonne mesure, tassée, secouée et qui déborde, car on utilisera pour vous la même mesure que celle dont vous vous serez servis.*** » Luc 6:38

Celui qui donnera peu recevra peu et celui qui donnera beaucoup recevra en abondance.

BENEDICTIONS ET INSTRUCTIONS APRES LE DELUGE

« ***Dieu bénit Noé et ses fils,*** *et leur dit: Soyez* ***féconds****,* ***multipliez****, et* ***remplissez*** *la terre.*

Vous serez ***un sujet de crainte et d'effroi*** *pour tout* ***animal*** *de la terre, pour tout* ***oiseau du ciel****, pour tout ce* ***qui se meut sur la terre****, et pour tous* ***les poissons*** *de la mer: ils sont livrés entre vos mains.*

Tout ce qui se meut et qui a vie vous servira de ***nourriture****: je vous donne tout cela comme l'herbe verte.*

Seulement, vous ne mangerez point de chair avec son âme, ***avec son sang****.*

Sachez-le aussi, je redemanderai le sang de vos âmes, je le redemanderai à tout animal; et je redemanderai l'âme de l'homme à l'homme, à l'homme qui est son frère.

Si quelqu'un verse le sang de l'homme, par l'homme son sang sera versé; car Dieu a fait l'homme à son image. » Genèse 9 :1-6

Quand Noé, sa femme, ses trois fils et ses trois belles-filles sortirent de l'Arche, Dieu les bénit dans les domaines suivants :

- La fécondité, la multiplication et l'addition ;
- La domination sur les animaux, les oiseaux, les reptiles ainsi que les poissons de lamer ;
- La domination sur tout ce qui se meut comme nourriture ;
- L'abstinence de prendre la chair avec son âme et son sang ;
- La réclamation de la part de Dieu sur l'âme de tout animal ;
- La réclamation de la part de Dieu de l'âme de l'homme;

Ces bénédictions ainsi que ces instructions devraient être observées par tous ceux qui sortirent de l'arche afin de bénéficier de l'Alliance de l'arc-en-ciel dans la nuée.

Ceci ne voulait pas dire que Dieu ne punira plus jamais les rescapés du déluge en cas de désobéissance.

Au contraire, ils devaient dorénavant garder les instructions reçues et les mettre en pratique afin de ne plus perdre les bénédictions d'après le déluge.

Cette alliance ne devait pas s'arrêter à Noé, quoique portant son nom. Elle devait continuer et porter des fruits par l'obéissance, la fidélité et la discipline qui caractérisent la soumission à Dieu et qui devra être absolue comme celle d'une bonne femme envers son mari et son seigneur.

« ***Tous d'un commun accord persévéraient dans la prière, avec les femmes, et Marie, mère de Jésus, et avec les frères de Jésus.*** » Actes 1 :14

Après l'ascension de notre Seigneur Jésus-Christ, les disciples gardèrent les paroles de la promesse de la venue du Saint-Esprit en restant dans la prière avec persévérance d'un commun accord.

L'unité est un secret pour une meilleure réussite et une prouesse satisfaisante.

« ***Deux valent mieux qu'un, parce qu'ils retirent un bon salaire de leur travail.***

Car, s'ils tombent, l'un relève son compagnon; mais malheur à celui qui est seul et qui tombe, sans avoir un second pour le relever!

De même, si deux couchent ensemble, ils auront chaud; mais celui qui est seul, comment aura-t-il chaud? » Ecclésiaste 4: 9-12

Quand on travaille dans l'unité, on retire un bon salaire et on multiplie ainsi le bonheur, la félicité, le contentement, le bien-être et l'ataraxie.

A deux, si l'un tombe, alors l'autre le relèvera. Sinon ce sera de la non-assistance d'une personne en danger. Et même s'ils tombent tous les deux, il y aura un qui sera en mesure d'aider d'une manière ou d'une autre son compagnon.

Malheur à celui qui est seul.

Malheur à celui qui vit dans la division.

Malheur à celui qui combat l'unité de la famille, de la société et du monde.

« ***Comme Jésus connaissait leurs pensées, il leur dit: Tout royaume divisé contre lui-même est dévasté, et toute ville ou maison divisée contre elle-même ne peut subsister***. » Mathieu 12 :25

Nous échouons en Afrique en général et d'une manière particulière dans notre pays, la République Démocratique du Congo à cause du manque d'unité.

Plus de dix millions de congolais sont morts comme des chiens dans l'Est du pays alors que dans les autres provinces on continue à chanter et à danser comme si tout allait bien.

Avant de réclamer l'amour des autres, nous devrions nous aimez nous-mêmes et nous entraider dans la mesure du possible.

Personne ne peut demander aux voisins d'aimer sa femme et ses enfants mieux que lui-même.

Nous tombons pour ne plus nous relever car ceux qui sont restés debout ne nous aiment pas de l'amour de Dieu.

Un bon repas sur une photo, dans un film ou dans un rêve n'est rien pour la langue et pour l'estomac.

Mais une soupe faite de la cuisine traditionnelle d'une mère qui revoit son fils revenir au village après plusieurs années de séparation, est bien chaude et appétissante que tous les grands mets des grands restaurants réunis.

Adam tout seul ne pouvait pas remplir le monde entier et la dominer. Il lui fallait une femme à ses côtés pour y arriver.

Il fallait aussi respecter les principes de l'Alliance Edénique pour réussir à deux car si deux personnes dorment ensemble, ils auront chaud et la nuit sera plus douce que celle du singleton.

Nous devons garder l'unité dans le Seigneur Jésus, car sans lui, nous ne pouvons rien.

Ainsi cette alliance devait continuer après la mort de Noé.

Malheureusement, après un temps, il y eut une autre désobéissance collective à la tour de Babel comme nous le verrons dans l'acclimatation de l'Alliance Abrahamique.

LE SIGNE

« ***Voici, j'établis mon alliance avec vous et avec votre postérité après vous;***

Avec tous les êtres vivants qui sont avec vous, tant les oiseaux que le bétail et tous les animaux de la terre, soit avec tous ceux qui sont sortis de l'arche, soit avec tous les animaux de la terre.

J'établis mon alliance avec vous: aucune chair ne sera plus exterminée par les eaux du déluge, et il n'y aura plus de déluge pour détruire la terre.

Et Dieu dit: C'est ici le signe de l'alliance que j'établis entre moi et vous, et tous les êtres vivants qui sont avec vous, pour les générations à toujours:

J'ai placé mon arc dans la nuée, et il servira de signe d'alliance entre moi et la terre. »
Genèse 9 :9-13

L'Alliance de l'arc-en-ciel est une alliance de la fin du châtiment de Dieu sur les hommes et sur les bêtes ainsi que sur les oiseaux de l'air et les poissons de la mer.

Aucune chair ne sera plus être exterminée par les eaux du déluge et il n'y aura plus de déluge pour détruire la terre.

Mais si les habitants de la terre désobéissent à la Parole de Dieu, il les châtiera autrement sans les détruire par les eaux du déluge.

Le message central de cette Alliance Noachide est que Dieu ne détruira plus jamais la terre par les eaux du déluge.

Et l'arc-en-ciel servira de signe dans le ciel de l'Alliance Noachide de souvenir de la destruction de la terre par les eaux du déluge ainsi que de l'engagement de Dieu à ne plus abolir la terre par les eaux du déluge.

Cette alliance est un contrat de génération en génération.

Et c'est pourquoi, même dans notre dispensation, nous constatons que quand il y a un arc-en-ciel sur la nuée, la pluie ne tombera pas.

Cependant Noé fit une erreur de tradition et planta de la vigne, en tira le vin et but. Juste après cela, la malédiction revint sur la terre.

Après la sortie de l'Arche, Noé oublia les bonnes manières et retourna à une de ses anciennes habitudes.

Noé était un grand buveur de vin. Et pendant tout le temps qu'il passa dans l'Arche, il ne pensait qu'à son verre de vin.

Et une fois sorti de l'Arche, il y est rentré et cela produisit un retour des malédictions sur la terre qui venait d'être purifiée par les eaux du déluge.

LA MALEDICTION PRONONCEE PAR NOE

« *Noé commença à cultiver la terre, et planta de la vigne.*

Il but du vin, s'enivra, et se découvrit au milieu de sa tente.

Cham, père de Canaan, vit la nudité de son père, et il le rapporta dehors à ses deux frères.

Alors Sem et Japhet prirent le manteau, le mirent sur leurs épaules, marchèrent à reculons, et couvrirent la nudité de leur père; comme leur visage était détourné, ils ne virent point la nudité de leur père.

Lorsque Noé se réveilla de son vin, il apprit ce que lui avait fait son fils cadet.

Et il dit: Maudit soit Canaan! Qu'il soit l'esclave des esclaves de ses frères! » Genèse 9 :21-25

Cette fois-ci, Noé se comporta comme un corbeau et non plus comme une colombe.

Cham, père de Canaan, vit la nudité de Noé, son père après qu'il ait pris du vin qu'il tira de la vigne qu'il avait planté après le déluge.

Et il en parla à ses deux grands-frères qui vinrent de dos pour le couvrir avec le manteau afin de ne plus exposer sa nudité.

Où était sa femme ?

Où étaient les belles-filles ?

A vous de me le dire.

Là où la Bible se tait, nous devons nous taire. Là où la Bible dit « oui », nus devons aussi dire « oui » et là où la Bible dit « non », nous devons dire « non », car ce qui vient d'ailleurs, vient du diable.

Noé, à son réveil apprit ce qui s'était passé. Et il maudit Canaan, le fils de Cham, l'auteur du mal.

Voilà comment le mal se transmet par le sang et atteint des innocents à cause de la faute commise par leurs parents ou leurs aïeux.

« ***L'âme qui pèche, c'est celle qui mourra. Le fils ne portera pas l'iniquité de son père, et le père ne portera pas l'iniquité de son fils. La justice du juste sera sur lui, et la méchanceté du méchant sera sur lui.*** » Ezéchiel 18 :20

Cette loi est venue plus tard, mais entretemps, Canaan fut maudit sans cause, juste pour avoir était fils à Cham.

Pourquoi Canaan et non Cham ?

Cham ne pouvait plus porter une malédiction de la part de son père car il avait une bénédiction globale de la part de Dieu à leur sortie de l'Arche.

« ***Comment maudirais-je celui que Dieu n'a point maudit? Comment serais-je irrité quand l'Eternel n'est point irrité?*** » Nombres 23 :8

Il y a des malédictions de génération pour tous ceux qui n'ont pas encore cru en Jésus. Et pour ceux qui ont déjà cru, ils doivent passer par la délivrance pour couper toutes les malédictions du sang.

Et voilà comment, par le vin, la malédiction revint sur la terre en commençant par Canaan, le fils innocent de Cham. Il y a beaucoup de gens sur cette terre qui souffrent comme Canaan sans savoir pourquoi.

De telles personnes devraient passer par la délivrance afin de bénéficier des bénédictions cachées dans la foi en Jésus. D'une manière générale quand nous acceptons le Seigneur Jésus dans notre vie comme Sauveur, tous les liens qui nous gardaient captifs se brisent.

Et dès lors, nous devons rester dans la présence de notre Dieu pour éviter que ces types de malédictions ne reviennent plus sur notre route avec Dieu.

Dieu promit de ne plus détruire la terre par le déluge, mais il punit quiconque vécut dans la désobéissance et dans la rébellion après Noé. Il est plein d'amour pour les pécheurs en les invitant volontiers à passer du camp du corbeau à celui de la colombe.

Quant à ceux qui sont dans le Seigneur, ils doivent persévérer dans l'obéissance, la fidélité et la discipline en tant qu'enfants de Dieu pour vivre en dehors des effets directs et indirects de malédictions des générations.

L'ECOLE DU CORBEAU

A l'école du corbeau, nous remarquons deux couleurs :

- La couleur noire couvrant la grande partie du corps et
- La couleur blanche qui prend juste une petite partie.

Cela me fait penser à la tenue du juge et de l'avocat en général.

Dans l'église locale, il y a des personnes qui ressemblent au corbeau. Ils mélangent les œuvres de l'esprit aux œuvres de la chair dans leur vie de tous les jours.

Dans le monde, il y a plus des ténèbres que de lumière.

La tenue du juge montre que le mensonge (couleur noire) est plus grand que la vérité (couleur blanche) qui est juste toute petite et cachée dans le débat contradictoire.

Nous devons augmenter jour après jour de la lumière dans notre vie et réduire et même anéantir complètement les ténèbres qui ne sont que la servitude aux passions des œuvres de la chair.

Le corbeau se rebella et partit sans retourner vers Noé. Et plus tard, il fit aussi une bonne chose en apportant à manger à Eli pendant un temps durant la période où il ferma la pluie du ciel à sa parole propre.

Nous devons quitter l'Ecole du Corbeau pour aller nous parfaire à celle de la Colombe.

L'ECOLE DE LA COLOMBE

A l'Ecole de la Colombe, il n'y a que la couleur blanche qui représente la lumière, la vie et l'éclat.

Nous allons à cette Ecole pour devenir la lumière du monde comme il est écrit dans Saintes Ecritures.

« ***Vous êtes la lumière du monde. Une ville située sur une montagne ne peut être cachée;***

Et on n'allume pas une lampe pour la mettre sous le boisseau, mais on la met sur le chandelier, et elle éclaire tous ceux qui sont dans la maison.

Que votre lumière luise ainsi devant les hommes, afin qu'ils voient vos bonnes œuvres, et qu'ils glorifient votre Père qui est dans les cieux. » Mathieu 5 : 14-16

Nous, en tant qu'enfants de Dieu, nous sommes la lumière du monde. Nous sommes une ville construite sur la montagne. Nous sommes appelés à éclairer toute la famille, la société et même les extrémités de la terre.

Que les autres voient nos œuvres et qu'ils glorifient notre Dieu qui est dans les cieux.

Nous devons avoir une fidélité spontanée comme celle de la colombe qui rapporta la feuille d'olivier en son bec à Noé.

Nous ne devrions pas beaucoup parler car un oiseau qui construit son nid ne parle même pas de peur de faire tomber le matériel de construction de son bec.

Que nos paroles soient constructives et qu'elles attirent les âmes captives des passions de la chair à la foi en Jésus pour nous rejoindre dans la Vie Eternelle.

CONCLUSION

Noé fut le premier ingénieur de la lignée de Seth et il marcha avec Dieu dans l'obéissance, la fidélité et la discipline.

Il est le personnage principal de l'Alliance qui porte son nom et dont le signe était celui de l'arc-en-ciel que Dieu plaça dans le firmament à la fin du déluge pour dire aux hommes qu'il ne détruira plus la terre et ses habitants avec les eaux du déluge.

En ce temps-là Dieu détruisit le monde entier à l'exception de huit personnes, à savoir : Noé, sa femme, ses trois fils et ses trois belles-filles.

La Véritable Arche de Noé est le Seigneur Jésus qui nous porte en son Corps comme les membres de l'Eglise qui est son Epouse.

En lui nous sommes cachés loin des attaques du diable et des démons ainsi que celles des méchants de ce monde.

Un point fort dans cette alliance est souligné par ces principes :

« ***Tant que la terre subsistera, les semailles et la moisson, le froid et la chaleur, l'été et l'hiver, le jour et la nuit ne cesseront point.*** » Genèse 8 :22

La loi des semailles et de la moisson, celle du froid et de la chaleur, celle des saisons et celle du jour et de la nuit sont des principes naturels qui marquent le témoignage de l'Alliance de Noé dont le signe est l'arc-en-ciel.

Tout cela montre l'infinie puissance de Dieu car jusqu'à ce jour toutes ces lois obéissent à ce qu'elles entendirent en ce jour-là après l'offrande de Noé.

L'Auteur

L'AUTEUR

Sylvanus Mulowayi Wa Kayumba, né le 02/10/1963 dans la petite ville minière de Kolwezi dans la province du Grand Katanga, en République Démocratique du Congo, dans une famille de 8 garçons et 2 filles.

Sa plume remonte aux années 1983 comme dramaturge et acteur monologue, habitué à évoluer en soldat solitaire.

Traducteur Assermenté et Polyglotte, il a beaucoup écrit sur le social, le divin et est l'imaginaire.

Aumônier et prédicateur de la bonne nouvelle du royaume de Dieu, il est aussi un ami des prisonniers et des malades.

Dans un style simple embaumé de microcosme, il continue sa trotte tant qu'il y aura encore de l'encre dans son encrier.

Co-fondateur du Culte Anglophone dans la Ville de Lubumbashi dans la Province du Grand Katanga en République Démocratique du Congo en 1993.

En 2002 dans la Ville de Kinshasa, il participa efficacement à l'installation du Ministère du Réseau Global pour la Nouvelle Alliance et ouvrit une émission chrétienne à la télévision « ONLY JESUS » avant de se concentrer totalement à la littérature théologique pratique jusqu'à ce jour.

Ouvert à tous, pour la cause commune !

L'Auteur

TABLE DES MATIERES

ALLIANCE NOACHIDE

Cette alliance a un signe dans le ciel jusqu'à ce jour et Noé demeure une grande figure de la foi en Dieu malgré la minorité.

Dieu peut travailler avec la minorité tout comme il peut aussi travailler avec la majorité. Et dans le cas de cette alliance de Noé.

Il était dans la faible minorité comme Job en son temps. Cependant par son obéissance à la Parole de Dieu, la démonstration de la puissance de Dieu passa par lui pour marquer ses contemporains et manifester la puissance de Dieu.

Une seule personne avec Dieu est plus puissante que le monde entier rassemblé au diable et aux démons. Un seul jour dans la présence de Dieu vaut mieux que mille ans ailleurs.

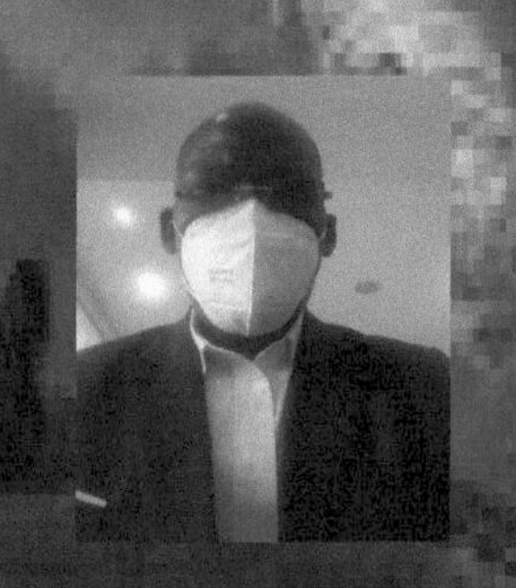

Sylvanus MULOWAYI n'est plus à présenter. Il se cache dorénavant derrière ses œuvres littéraires qui sont nombreuses et variées en ligne où il parle du divin, du social et de l'imaginaire afin de ramener le fort et le faible autour d'une même table pour un repas fraternel.

La Fourmi du Seigneur

Printed by Books on Demand GmbH, Norderstedt / Germany